알뜨기노트

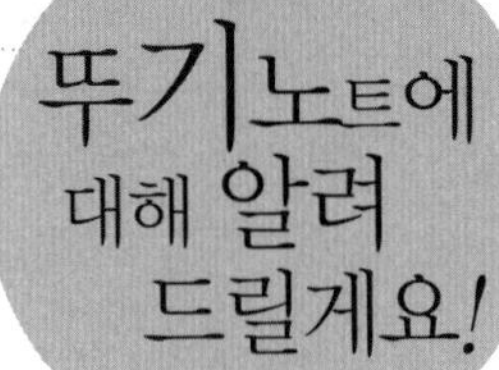

1. 만들게 된 배경

현재 사회는 스마트사회입니다.

스: 스스로 주도하는 창조인

마: 마음을 확~ 사로잡는 인성인

트: 탁~ 트인 소통인

이런 스마트 사회에 맞는 인재를 양성을 하기 위해서지요.

2. 뚜기의 뜻

뚜기는 원래 함경남도 방언으로 '어리숙하고 바보스러운 사람'을 뜻합니다.

정말 바보냐구요? 아니아니 아니지요!

'뚜기'는 시류에 영합하지 않아 바보처럼 보이나 혜안을 가지고 미래를 묵묵히 준비하는 큰 사람을 상징합니다.

다시 말하면 '뚜기'는 시대가 요구하는 창의, 인성, 소통 역량을 두루 갖춘 이 세상을 아름답게 디자인하는 큰 꿈을 지닌 사람을 이야기한답니다.

뚜기는 스마트인입니다.(스마트의 뜻은 윗글에 나와 있습니다.)

역사의 주인의식을 가지고 좋은 변화를 창조하는 사람들이기 때문입니다.

3. 뚜기노트 내용

겉으론 부드럽고 마냥 순해 보이지만 속은 강인하고, 넓고 큰 비전을 지닌 뚜기가 되기 위한 비법(?)의 5단계 견·학·습·통·성의 프로세스를 훈련받기 위한 노트입니다.

행동의 변화는 생각만으로 되지 않습니다.

이해한 후 꼭 행동을 해야만 진짜 변화하는 사람이 됩니다.

뚜기노트는 생각을 통해 행동의 변화와 이것을 습관으로 만들게 하는 견·학·습·통·성 수련노트입니다.

창의, 인성, 소통, 성실 등 이런 단어들은 들어도 금방 무슨 내용인지 와 닿지가 않습니다. 왜냐하면 이런 개념들은 눈에 보이는 것이 아니기 때문입니다. 하지만 세상은 눈에 보이는 것보다 눈에 보이지 않는 소중한 것들이 더 많지요. 이런 것들을 배우고 익혀야 하고요.

뚜기노트를 쓰면,

첫째, 추상적인 개념들을 구체적인 행동으로 배울 수 있습니다.

둘째, 요일별로 주제를 가지고 행동을 하면서 스스로에 대해 더 잘 알게 되고 하나 하나 인성이 가랑비에 옷 젖듯이 몸에 스며들게 됩니다.

셋째, 학생들은 결과물을 정리해 놓음으로써 입시나 입사시험에도 도움이 됩니다.

넷째, 다 쓴 수련노트는 전문가인 뚜기단장 선생님들의 피드백을 받을 수 있고 인성품증을 받을 수 있습니다.

단계	과정	내용
1단계	인성을 살피는 [봄뚜기]	구성원들과 함께 자기조절에 관한 다양한 미션들을 수행하면서 나의 인성을 재발견하는 **입문과정**입니다.
2단계	인성을 깨닫는 [알뚜기]	글로벌사회에서 요구하는 인성키워드 6개를 1주일에 한 개씩 정하여 매일매일 수련하고 일기를 작성하는 **기본과정**입니다.
3단계	인성을 익히는 [흥뚜기]	나에게 부족한 인성요소를 스스로 발굴하고, 그 역량을 키우기 위하여 인문고전을 탐독하며 내공을 쌓는 **실전과정**입니다.
4단계	인성으로 소통하는 [한뚜기]	일정기간의 인성나눔 봉사활동을 실행하고 그 과정에서 배운 것을 바탕으로, 앞으로 뚜기들은 사회에 나아가 국가와 세계를 위하여 무엇을 어떻게 기여할 것인지 설계하는 **심화과정**입니다.
5단계	인성을 펼치는 [꿈뚜기]	그동안 갈고 닦은 인성역량을 바탕으로 뚜기단장이 되어 인성리더십을 기르는 **지도자과정**입니다.

뚜기노트를 통해서 적어보는 것들은 자신의 보이지 않는 내면의 재산인 좋은 가치들의 역량을 키우는 과정입니다. 이런 것들은 다이아몬드보다 더 아름답고 소중한 것입니다. 내가 키우지 않으면 아무리 돈이 많아도 살 수 없는 것이지요.

돈을 벌기 위해 시간과 노력을 들이듯이 마음의 재산을 늘리는 데 시간과 노력을 들이면 이 가치의 역량들은 우리에게 더 많은 세상의 좋은 것들을 선물해 줍니다. 부담스럽다는 생각에 아무 생각 없이 적지 말고 차근히 자신을 들여다보며 진솔하게 적다 보면, 이 노트의 마지막 페이지를 덮을 때는 생각과 행동이 깊어진 자신을 느끼게 될 거예요. 우리는 인격적으로 성숙한 사람이 되는 거지요.

그리고 시대가 요구하는 멋진 창의적 인재가 될 수 있습니다.

차례

알뚜기노트에 나오는 용어들을 풀어드립니다.

뚜기노트에는 항상 나오는 단어들이 있습니다.

사람들과 사람이 이야기할 때 이야기가 잘 통하려면 서로 쓰는 말의 뜻을 정확히 알아야 하듯이, 뚜기노트에서도 뚜기들이 사용하는 말의 정확한 뜻을 알아야 합니다.

자, 그럼 뚜기들이 잘 쓰는 단어의 뜻을 알려 드릴 테니 잘 읽어보세요.

1. 견(見) : 내가 그 가치에 대해 어떻게 행동하는지 알아보는 단계입니다.

2. 학(學) : 내가 배우고자 하는 가치에 대해서 알아보는 단계입니다.

3. 습(習) : 학(學)을 통해 알게 된 가치를 직접 생활 속에서 실천해 보는 단계입니다.

4. 통(通) : 실천해 본 것을 주위 사람들과 이야기를 나누어 보며 소통하는 단계입니다.

5. 성(誠) : 이제 내가 지킬 수 있는 나만의 가치행동을 찾아내어 그렇게 생활하겠다고 다짐하는 단계입니다.

6. 인내 : 괴로움이나 힘듦 어려움을 참고 견디어 내는 힘

7. 성실 : 일을 함에 있어 정성스럽고 참되게 행동하는 것

8. 도전 : 피하지 않고 정면으로 맞서서 문제를 해결하는 것

9. 관찰 : 사물이나 현상 등을 주의 깊게 잘 살펴보는 것

10. 협력 : 어떤 일을 함에 있어 서로 힘을 합하여 도움

11. 나눔 : 다른 사람들과 감정을 함께 경험하거나, 물건을 서로 주고받는 것

12. 인성 : 사람의 성질과 됨됨이

13. 창의 : 새로운 생각이나 의견

14. 소통 : 서로 막힘이 없이 잘 통함

인내

일주일 동안 '인내'에 관해서 하나하나 알아보고 느껴볼까요.

월요일 나는 어떤 인내를 하는 사람이었는지 알아봅니다.

화요일 그럼 인내가 무엇인지 자료들을 찾고 이야기도 들으며 인내에 대해 알아봅니다.

수요일 드디어 인내를 생활 속에서 실천해 봅니다.

미션 3개를 정해서 하루 동안은 그 인내의 내용을 꼭 실천해 보고 느낌을 적어 봅니다.

목요일 알아보고 경험한 인내에 대한 것들을 사람들과 이야기를 나누며 소통하는 시간입니다. 주변 사람들에게 내가 정말 인내했는지? 잘 하고 있는지 더 좋은 것은 없는지 함께 이야기를 나누어 보고 글로도 적어 봅니다.

금요일 이제는 나만의 인내의 틀을 만들어야겠지요.

내가 지킬 수 있는 나만의 인내의 대한 내용을 정리해 봅니다.

토요일 이제 한 주일의 마무리입니다. 이번 주의 주제인 인내도 마무리되는 시간입니다. 월요일부터 금요일까지의 과정을 살펴보며 그동안 찍은 사진이나 자료를 붙이고 정리해서 한 장의 나만의 인내 인성포트폴리오를 만듭니다.

이 과정을 견·학·습·통·성 프로세스를 훈련하는 단계라고 하지요.

견·학·습·통·성을 통한 인성수련 프로세스입니다.

이 프로세스만 알면 세상에 무슨 문제를 만나도 두렵지 않아요.

이 순서대로만 하면 모든 문제가 해결되기 때문이지요.

두 둥 ~

견·학·습·통·성 그 마법의 비밀 프로세스를 알려드립니다.

매우 중요한 단계이니 눈으로 보지 말고 꼭 말로 해봐야 합니다.

마법의 5단계 프로세스 견/학/습/통/성

프로세스를 큰소리로 연습해 보셨지요?

프로세스가 입에서 술술 나오나요?

정말요?

그럼 연습을 한번 해보겠습니다.

앞장의 순서대로 이야기한 것을 한번 적어 보세요.

견(見):

학(學):

습(習):

통(通):

성(誠):

 월 見(볼견) 나는 생활 중에 어떻게 인내를 하는 사람인지 알아보세요.

제일 먼저 내가 어떤 사람인지 알아야 다음 행동을 할 수 있겠지요?

생활하면서 내가 어떻게 인내하고, 무엇을 인내하는 사람인지 먼저 알아

보는 견(見)의 시간을 갖도록 하겠습니다.

준비되었나요?

1. 나의 인내 모습 알아보기

●● 내가 인내해야 했던 상황을 적어 보세요.

....

....

....

●● 그때 나는 어떻게 행동했나요?

....

....

....

●● 그때 나의 신체 반응은 어땠나요?

....

....

....

●● 그때 나의 마음이나 생각은 어땠나요?

●● 그렇게 행동하고 난 후 결과에 대한 나의 생각은 어땠나요?

2. 나는 인내에 대해서 이런 사람이었구나!

이렇게 적어 보니 내가 인내를 잘하는 사람인지 아닌지 알 수 있겠지요.
그리고 어떤 상황에서 내가 인내심을 끌어내야 되는지도 알게 되었지요.
앞의 활동을 통해 나의 인내에 대해 알게 된 것을 편하게 적어 보세요.

아자!
그럼 이제부터 인내에 대해 좀 더 알아볼까요?

●● 인내에 대해서 궁금한 점은?

●● 인내를 하면 뭐가 좋을 것 같나요?

●● 인내가 나를 행복하게 해줄까요?

●● 인내가 힘들 것 같나요?

 화 學 (배울**학**) 인내가 무엇인지 알아봅시다.

자, 오늘은 학(學)을 하는 시간입니다.

인내가 정말 무엇인지 사전적인 의미도 찾아보고 내가 알아볼 수 있는 모든 방법을 동원해 인내에 대해서 알아보고 적어 보세요.
이렇게 찾아보고 알아보고 나면 '아! 인내란 이런 것이구나.' 하면서 아마 인내의 박사가 될 거예요.

1. 인내에 대해서 어디서 알아볼까요?

●● 사전

●● 인터넷

●● 인내를 잘 한 인물

●● 책

●● 영화

●● 강의

●● 그밖에

2. 인내에 대해서 누구한테 물어볼까요?
   물어보고 알려준 것들을 적어 보세요.

●● 선생님

●● 친구

●● 부모

●● 선배

●● 롤모델

●● 그밖에

3. 인내에 대해서 무엇을 더 참고로 할 것인가요?

●● 논문

●● 인내를 잘 하는 사람 찾아보기

4. 내가 알게 된 인내를 마인드맵 한 장으로 그려볼까요?

아자! 조사를 해보니 내가 생각하는 인내란?

인내는 .... 다.

왜냐하면 .... 다.

 **習**(익힐**습**) 그럼 한번 인내해 볼까요.

내가 어떻게 인내하는 사람이고 인내가 무엇인지 잘 알아보았나요?

그럼 구슬이 서 말이라도 꿰어야 보배!

오늘은 내가 알아본 인내를 나의 생활 속에서 실천해 보는 날로 정하고 인내의 시간을 보내 봅니다.

묵찌빠도 삼세판!

오늘 내가 실천할 인내의 미션을 세 가지 정해 보세요.

자신이 인내하고 싶은 미션을 각자 정하는데 혹시 무엇으로 정해야 될지 모르는 사람을 위해 아래 Tip을 달아놓았습니다. 그 중에 마음에 드는 걸로 골라도 됩니다.

하지만 되도록 자신만의 미션을 정하면 더 좋겠지요.

그럼 순서는,

1. 인내 실천 미션을 정하여 적고

2. 내가 얼마나 실천했는지 실천지수를 표시하고

3. 해보고 나서 나의 느낌을 적으면 됩니다.

✳ 나의 실천지수 　(　　　　%)

✳ 해보고 나니 어떤 느낌이 드나요?

✳ 나의 실천지수 　(　　　　%)

✳ 해보고 나니 어떤 느낌이 드나요?

✳ 나의 실천지수 　(　　　　%)

✳ 해보고 나니 어떤 느낌이 드나요?

<table>
<tr><td>

1. 책상에 일정시간 앉아 있어 보기

2. 욕 하루 안 해보기

3. 쉬는 시간에 말 안 하기

4. 수업 시간에 졸지 않기

5. 친구의 이야기를 끊지 않고 들어보기

6. 에어컨 안 켜고 1시간 있어 보기

7. 과자 먹고 싶을 때 10분만 참아보기

8. 음료수 하루 먹지 않기

9. 엄마가 잔소리한다는 생각이 들 때도
   말대꾸 안 하고 가만히 듣기

10. 졸린 것 10분만 참아보기

11. 핸드폰 하루 안 써보기

12. 게임 안 해보기

</td><td>

1. 사무실 책상에 일정시간 앉아 있어 보기

2. 하루 동안 동료 흉 안 보기

3. 점심시간에 말 안 하기

4. 업무시간에 개인 일 하지 않기

5. 동료이야기 끊지 않고 들어주기

6. 차에 에어컨 안 켜고 타기

7. 군것질하고 싶을 때 참아보기

8. 커피 하루 마시지 않기

9. 상사가 소리 질러도 참고 듣기

10. 술 마시고 싶은 것 하루 참기

11. 담배 하루 참기

12. 사고 싶은 것 참아보기

13. 핸드폰 한 시간 안 써보기

14. 대중교통 이용해 보기

15. 졸려도 책 읽기

</td></tr>
</table>

이외에도 많지요?

각자에 맞게 미션을 정해 보세요.

인내로 가는 길이 쉽지는 않겠지요?

그래도 오늘 하루 인내를 생각하며 몇 가지를 실천하고 이렇게 노트에 인내일기를 쓰는 당신이 인내의 챔피언입니다. 멋져요!

인내가 정말 우리에게 필요한 것일까요?

오늘 인내한 것 중 제일 힘들었던 한 가지를 가지고 정말 인내가 좋은 것인지 한번 생각해 볼까요?

뚜기단장 한마디

목 通(통할**통**) 나는 정말 인내를 잘 실천했나요?

오늘은 통(通)의 시간입니다.

통(通)이 무슨 뜻일까요?

맞습니다. 서로 통한다는 의미의 통(通)입니다.

사람은 혼자서는 살 수 없지요. 모두 모여 서로서로 도우며 살아갑니다.

그런데 함께 모여 있기 때문에 서로 잘 통하지 않으면 힘듦이 생깁니다.

어제까지는 스스로의 점검이었다면, 오늘은 인내를 잘 소통하고 있는지 주위의 사람들과 함께 이야기 나누어 보는 시간입니다.

나에 대해 정확히 알려면 내가 보는 나와 부모님이 보는 나, 그리고 선생님이 보는 나와 친구가 보는 나의 공통점을 보면 된다는 말이 있습니다.

자, 그럼 이제 주위의 사람들과 인내하는 나에 대해 이야기를 나누어 보고 아래 빈칸에 적어 보세요.

1. 나는 인내를 제대로 실천하고 있나요?

●● 이야기 나눈 사람

●● 내게 이야기해준 것

●● 그 이야기를 들은 나의 느낌

2. 내가 하는 인내에 대해 다른 문제는 없나요?

●● 이야기 나눈 사람

●● 내게 이야기해준 것

●● 그 이야기를 들은 나의 느낌

3. 내가 하는 인내에 대해 더 보완할 것이 있을까요?

❶

❷

❸

부모님이나 선생님, 친구들에게

내가 얼마나 인내하려고 노력했는지 칭찬과 응원의 편지를 적어달라고 부탁해 보세요.

이렇게 소통을 하면서 우리는 큰 힘을 얻게 됩니다.

________________________________ 에게

________________________________ 가

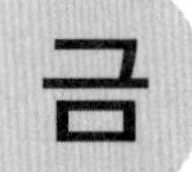 금 誠 (정성**성**) 나는 이제부터 인내를 이렇게 하면 되겠구나!

견 · 학 · 습 · 통 · 성의 마지막 시간입니다.

정말 수고하셨어요.

첫째 날, 見을 통해 나의 인내하는 모습을 보고

둘째 날, 學을 통해 인내가 뭔지 알아보았고

셋째 날, 習을 하면서 인내를 실천해 보았습니다.

넷째 날, 通을 통해서는 인내를 주위 사람들과 이야기 나누어 보았고,

다섯째 날, 이제 마지막 성(誠)을 통해서는 생활 속에 내가 지킬 수 있는 인내의 미션을 정하고 생활 속의 실천하는 인내인이 되도록 하는 단계입니다.

먼저 내가 지킬 수 있는 나만의 인내 계획을 생각해 볼까요?

아주 작은 일부터 시작입니다. 천 리 길도 한 걸음부터입니다.

생각이 잘 안 나는 사람은 앞 쪽에 있었던 인내 Tip을 참고로 하여 내가 지킬 수 있는 나만의 인내 계획을 적어 보세요.

자, 그럼 나만의 인내 서약서를 만들어 볼까요?

가족, 친구나 동료, 선생님이나 상사, 동아리 모임, 가정, 회사, 이웃, 지역 사회, 우리나라, 국제 사회 등에서 내가 인내하는 사람으로서 할 수 있는 역할을 생각해 보고 스스로의 다짐을 적어 보세요.

_______________________ 의 인내 서약서

나 (   )는   년   월   일부터
위의 다짐을 반드시 지켜나가겠습니다.   (인)

뚜기단장 한마디

 [나만의 인내 인성포트폴리오 만들기]

월요일부터 금요일까지 5일 동안 힘드셨죠?

짧은 시간이었지만 인내에 대해서 많은 생각을 했던 한 주일이었을 것입니다. 오늘은 일주일 간의 경험을 정리하며 그 과정을 온전히 내 것으로 만드는 시간입니다. 이런 작업을 하면서 하나의 주제를 정리할 수 있고, 학생일 경우에는 에듀팟에 올리면 나중에 제출 자료로도 사용할 수 있습니다.

[예시] 긍뚜기 오승희의 인내 포트폴리오

[동기] 좋은 가치덕목 중에 하나인 인내에 대해 스스로 자세히 알아보고 인내를 잘 하는 사람이 되는 방법을 배우고 싶었습니다.

[활동내용]

평소에 내가 인내하는 모습을 생각하고 적어 보았습니다. 인내에 대해서 자료를 찾아보면서 인내의 정확한 뜻과 인내의 영향을 알아보았습니다.

에어컨 안 켜기, 잔소리하지 않기, 하루계획 지키기를 실행해 보았습니다.

내가 인내하려고 노력하는 것들을 친구나 가족들과 이야기를 나누고,

부모님께 인내에 대한 편지를 받았습니다.

이런 과정을 통해 몸이 조금 불편해도 참아보고 (냉난방, 운동), 주위사람의 말에 귀를 기울이고(경청) 남에게 독촉하지 않는 생활(빠름보다 바름)을 하기로 다짐했습니다.

활동 전

인내라는 것을 별로 생각도 안 해봤다. 그냥 내가 편한 데로 행동하고 살았다.

➡

활동 후

생활 중에 인내라는 단어를 여러 번 생각하게 되고 인내하려고 마음을 내어보게 되었다. 그러면서 자기 자신과도 주위사람들과도 관계가 좋아졌다.

⬇

진로와 꿈(나의 미래)

나는 세상에 좋은 것을 많이 나눠주는 사람이 되고 싶다. 스스로의 싸움에서 이기고, 인내하며, 공부도 열심히 하고, 운동도 열심히 해야 한다. 그러면 나중에 마음의 힘이 센 사람이 될 수 있을 것이다.

<u>   </u> 의 인내 포트폴리오

[동기]

[활동내용]

활동 전	활동 후

진로와 꿈(나의 미래)

뚜기단장 한마디

진실한 말은 꾸미지 않고,
꾸민 말은 진실함이 없다.

선한 사람은 말을 잘 하지 않으며,
말을 잘하는 사람은 선하지 않다.

참되게 아는 사람은 박학하지 않으며,
박학한 자는 참된 앎이 없다.

성인은 쌓아 놓지 않는다.

원래 남을 위하므로 자기는 더욱 여유가 있으며,
원래 남을 위하므로 자기는 도리어 더욱 많아진다.

하늘의 도는 오직 만물을 이롭게 하고 해치지 않으며,
성인의 도는 남을 위하여 베풀기만 하고 다투지 않는다.

- 도덕경 81

일주일 동안 성실에 관해서 하나하나 알아보고 느껴볼까요.

월요일 나는 어떤 성실을 표현하는 사람이었는지 알아봅니다.

화요일 성실이 무엇인지 자료를 찾아보고 주위 사람들에게 물어보며

성실에 대해 알아봅니다.

수요일 드디어 성실을 생활 속에서 실천해 봅니다.

미션 3개를 정해서 하루 동안은 그 성실의 내용을 꼭 실천해 보고 느낌을 적어 봅니다.

목요일 알아보고 경험한 성실에 대한 것들을 사람들과 이야기를 나누며 소통하는 시간입니다. 주변 사람들에게 내가 정말 성실했는지? 잘 하고 있는지 더 좋은 것은 없는지 함께 이야기를 나누어 보고 글로도 적어 봅니다.

금요일 이제는 나만의 성실의 틀을 만들어야겠지요.

내가 지킬 수 있는 나만의 성실에 대한 내용을 정리해 봅니다.

토요일 이제 한 주일의 마무리입니다. 이번 주의 주제인 성실도 마무리되는 시간입니다. 월요일부터 금요일까지의 과정을 살펴보며 그동안 찍은 사진이나 자료를 붙이고 정리해서 한 장의 나만의 성실 인성포트폴리오를 만듭니다.

이 과정을 견·학·습·통·성 프로세스를 훈련하는 단계라고 하지요.

견 · 학 · 습 · 통 · 성을 통한 인성수련 프로세스입니다.

이 프로세스만 알면 세상에 무슨 문제를 만나도 두렵지 않아요.

이 순서대로만 하면 모든 문제가 해결되기 때문이지요.

두 둥 ~

견 · 학 · 습 · 통 · 성 그 마법의 비밀 프로세스를 알려드립니다.

매우 중요한 단계이니 눈으로 보지 말고 꼭 말로 해봐야 합니다.

마법의 5단계 프로세스 견/학/습/통/성

프로세스를 큰소리로 연습해 보셨지요?

프로세스가 입에서 술술 나오나요?

정말요?

그럼 연습을 한번 해보겠습니다.

앞장의 순서대로 이야기한 것을 한번 적어 보세요.

견(見):

학(學):

습(習):

통(通):

성(誠):

월 見(볼견) 나는 생활 중에 어떻게 성실을 하는 사람인지 알아보세요.

제일 먼저 내가 어떤 사람인지 알아야 다음 행동을 할 수 있겠지요?
생활하면서 내가 어떻게 성실하고, 무엇을 성실하는 사람인지 먼저 알아
보는 견(見)의 시간을 갖도록 하겠습니다.
준비되었나요?

1. 나의 성실 모습 알아보기

●● 내가 성실해야 했던 상황을 적어 보세요.

●● 그때 나는 어떻게 행동했나요?

●● 그때 나의 신체 반응은 어땠나요?

●● 그때 나의 마음이나 생각은 어땠나요?

●● 그렇게 행동하고 난 후 결과에 대한 나의 생각은 어땠나요?

2. 나는 성실에 대해서 이런 사람이었구나!

이렇게 적어 보니 내가 성실을 잘 실천하는 사람인지 아닌지 알 수 있겠지요.
그리고 어떤 상황에서 내가 성실한 마음을 끌어내야 되는지도 알게 되었
지요.
앞의 활동을 통해 성실에 대해서, 나에 대해 알게 된 것을 편하게 적어 보
세요.

아자!
그럼 이제부터 성실에 대해 좀 더 알아볼까요?

●● 성실에 대해서 궁금한 점은?

●● 성실 하면 뭐가 좋을 것 같나요?

●● 성실이 나를 행복하게 해줄까요?

●● 성실이 힘들 것 같나요?

화 學 (배울**학**) 성실이 무엇인지 알아봅시다.

자, 오늘은 학(學)을 하는 시간입니다.

성실이 정말 무엇인지 사전적인 의미도 찾아보고 내가 알아볼 수 있는 모든 방법을 동원해 성실에 대해서 알아보고 적어 보세요.
이렇게 찾아보고 알아보고 나면 '아! 성실이란 이런 것이구나.' 하면서 아마 성실의 박사가 될 거예요.

1. 성실에 대해서 어디서 알아볼까요?

●● 사전

●● 인터넷

●● 성실을 잘 한 인물

●● 책

●● 영화

●● 강의

●● 그밖에

2. 성실에 대해서 누구한테 물어볼까요?
   물어보고 알려준 것들을 적어 보세요.

●● 선생님

●● 친구

●● 부모

●● 선배

●● 롤모델

●● 그밖에

3. 성실에 대해서 무엇을 더 참고로 할 것인가요?

●● 논문

●● 성실을 잘 하는 사람 찾아보기

4. 내가 알게 된 성실을 마인드맵 한 장으로 그려볼까요?

아자! 조사를 해보니 내가 생각하는 성실이란?

성실은 .... 다.

왜냐하면 .... 다.

수 習^(익힐습) 그럼 한번 성실하게 행동해 볼까요.

내가 어떻게 성실을 행동하는 사람이고 또 성실이 무엇인지 잘 알아보았나요?

그럼 구슬이 서 말이라도 꿰어야 보배!

오늘은 내가 알아본 성실을 나의 생활 속에서 실천해 보는 날로 정하고 성실의 시간을 보내 봅니다.

묵찌빠도 삼세판!

오늘 내가 실천할 성실의 미션을 세 가지 정해 보세요.

자신이 성실하고 싶은 미션을 각자 정하는데 혹시 무엇으로 정해야 될지 모르는 사람을 위해 아래 Tip을 달아놓았습니다.

그 중에 마음에 드는 걸로 골라도 됩니다.

하지만 되도록 자신만의 미션을 정하면 더 좋겠지요.

그럼 순서는,

1. 성실 실천 미션을 정하여 적고

2. 내가 얼마나 성실을 실천했는지 실천지수를 표시하고

3. 해보고 나서 나의 느낌을 적으면 됩니다.

✳ 나의 실천지수   (%)

✳ 해보고 나니 어떤 느낌이 드나요?

✳ 나의 실천지수   (%)

✳ 해보고 나니 어떤 느낌이 드나요?

✳ 나의 실천지수   (%)

✳ 해보고 나니 어떤 느낌이 드나요?

1. 아침에 10분 일찍 와서 책읽기	1. 아침에 10분 먼저 출근하기
2. 숙제 꼭 하기	2. 업무 꼼꼼히 하기
3. 엄마 심부름 하루에 한 가지씩 꼭 하기	3. 남이 안 하는 궂은일 해보기
4. 동생 돌봐주기	4. 부하직원 챙겨주기
5. 일기 쓰기	5. 업무일지 꼼꼼히 쓰기
6. 뚜기노트 매일 쓰기	6. 뚜기노트 매일 쓰기
7. 선생님 말씀 잘 듣기	7. 복장 단정히 하기
8. 몸 깨끗이 닦기	8. 회사규칙 잘 지키기
9. 이 깨끗이 닦기	9. 책상 정리 깨끗이 하기
10. 학원 빠지지 않기	10. 내 방 청소하기
11. 내 이불 개기	11. 고마웠던 분들께 연락드리기
12. 먹고 난 그릇 설거지통에 가져다 놓기	12. 가족에게 잘 하기
13. 할머니, 할아버지께 전화 드리기	13. 외국어 공부 꾸준히 하기
14. 교실청소 깨끗이 하기	14. 사내 연수 잘 참석하기
15. 예습하기	15. 효율적으로 일하기
16. 복습하기	16. 실적 올리기
17. 책상 깨끗이 사용하기	17. 운동 계속하기
18. 시험 준비 잘 하기	18. 아이들 이야기 들어주기
19. 인터넷강의 빠지지 말고 듣기	19. 아이들 야단치지 않기
20. 친구들과 사이좋게 지내기	20. 일기 매일쓰기
	21. 살림 대강하지 않기
	22. 오늘 할 일은 오늘 다 하기

이외에도 많지요?

각자에 맞게 미션을 정해 보세요.

성실로 가는 길이 쉽지는 않았지요?

그래도 오늘 하루 인내를 생각하며 몇 가지를 실천하고 이렇게 노트에 성실일기를 쓰는 당신이 성실의 챔피언입니다. 멋져요!

성실이 정말 우리에게 필요한 것일까요?

오늘 성실한 것 중 제일 힘들었던 한 가지를 선택해서 성실이 정말 좋은 것인지 한번 생각해 보세요.

오늘 제일 힘들었던 성실은?

나의 행동선택 ❶

나의 행동선택 ❷

행동의 결과

행동의 결과

결과를 적은 후 느낌

성실하기를 잘 하였다는 생각이 드나요?

 목 通(통할**통**) 나는 정말 성실을 잘 실천했나요?

오늘은 통(通)의 시간입니다.

통(通)이 무슨 뜻일까요?

맞습니다. 서로 통한다는 의미의 통(通)입니다.

사람은 혼자서는 살 수 없지요. 모두 모여 서로서로 도우며 살아갑니다.

그런데 함께 모여 있기 때문에 서로 잘 통하지 않으면 힘듦이 생깁니다.

어제까지는 스스로의 점검이었다면, 오늘은 성실을 잘 소통하고 있는지 주위의 사람들과 함께 이야기 나누어 보는 시간입니다.

나에 대해 정확히 알려면 내가 보는 나와 부모님이 보는 나, 그리고 선생님이 보는 나와 친구가 보는 나의 공통점을 보면 된다는 말이 있습니다.

자, 그럼 이제 주위의 사람들과 성실한 나에 대해 이야기를 나누어 보고 아래 빈칸에 적어 보세요.

1. 나는 성실을 제대로 실천하고 있나요?

●● 이야기 나눈 사람

●● 내게 이야기해준 것

●● 그 이야기를 들은 나의 느낌

2. 내가 하는 성실에 대해 다른 문제는 없나요?

●● 이야기 나눈 사람

●● 내게 이야기해준 것

●● 그 이야기를 들은 나의 느낌

3. 내가 하는 성실에 대해 더 보완할 것이 있을까요?

❶
❷
❸

부모님이나 선생님, 친구들에게

내가 얼마나 성실하려고 노력했는지 칭찬과 응원의 편지를 적어달라고 부탁해 보세요.

이렇게 소통을 하면서 우리는 큰 힘을 얻게 됩니다.

______________________________ 에게

가

誠 (정성성) 나는 이제부터 성실을 이렇게 하면 되겠구나!

견·학·습·통·성의 마지막 시간입니다.

정말 수고하셨어요.

첫째 날, 見을 통해 나의 성실에 대한 모습을 보고

둘째 날, 學을 통해 성실이 뭔지 알아보았고

셋째 날, 習을 하면서 성실을 실천해 보았습니다.

넷째 날, 通을 통해서는 성실을 주위 사람들과 이야기 나누어 보았고,

다섯째 날, 이제 마지막 성(誠)을 통해서는 생활 속에 내가 지킬 수 있는 성

실의 미션을 정하고 실천하는 성실인이 되도록 하는 단계입니다.

먼저 내가 지킬 수 있는 나만의 성실 계획을 생각해 볼까요?

아주 작은 일부터 시작입니다. 천 리 길도 한 걸음부터입니다.

생각이 잘 안 나는 사람은 앞 쪽에 있었던 성실 Tip을 참고로 하여 내가 지

킬 수 있는 나만의 성실 계획을 적어 보세요.

자, 그럼 나만의 성실 서약서를 만들어 볼까요?

가족, 친구나 동료, 선생님이나 상사, 동아리 모임, 가정, 회사, 이웃, 지역

사회, 우리나라, 국제사회 등에서 내가 성실한 사람으로서 할 수 있는 역할

을 생각해 보고 스스로의 다짐을 적어 보세요.

_______________________ 의 성실 서약서

나 (   )는   년   월   일부터
위의 다짐을 반드시 지켜나가겠습니다.   (인)

 토 [나만의 성실 인성포트폴리오 만들기]

월요일부터 금요일까지 5일 동안 힘드셨죠?

짧은 시간이었지만 성실에 대해서 많은 생각을 했던 한 주일이었을 것입니다. 오늘은 일주일 간의 경험을 정리하며 그 과정을 온전히 내 것으로 만드는 시간입니다. 이런 작업을 하면서 하나의 주제를 정리할 수 있고, 학생일 경우에는 에듀팟에 올리면 나중에 제출 자료로도 사용할 수 있습니다.

_________________________ 의 성실 포트폴리오

[동기]

[활동내용]

활동 전	활동 후

진로와 꿈(나의 미래)

일주일 동안 도전에 관해서 하나하나 알아보고 느껴볼까요.

월요일 나는 어떤 도전을 하는 사람이었는지 알아봅니다.

화요일 도전이 무엇인지 자료들도 찾고 이야기도 들으며 도전에 대해 알아봅니다.

수요일 드디어 도전을 생활 속에서 실천해 봅니다.

미션 3개를 정해서 하루 동안은 그 도전의 내용을 실천해 보고 느낌을 적어 봅니다.

목요일 내가 알아보고 경험한 도전에 대한 것들을 사람들과 이야기를 나누며 소통하는 시간

입니다. 주변 사람들에게 내가 정말 도전했는지? 잘 하고 있는지 더 좋은 것은 없는

지 함께 이야기를 나누어 보고 글로도 적어 봅니다.

금요일 이제는 나만의 도전의 틀을 만들어야겠지요.

내가 지킬 수 있는 나만의 도전에 대한 내용을 정리해 봅니다.

토요일 이제 한 주일의 마무리입니다. 이번 주의 주제인 도전도 마무리되는 시간입니다. 월

요일부터 금요일까지의 과정을 살펴보며 그동안 찍은 사진이나 자료를 붙이고 정리

해서 한 장의 나만의 도전 인성포트폴리오를 만듭니다.

이 과정을 견·학·습·통·성 프로세스를 훈련하는 단계라고 하지요.

견·학·습·통·성을 통한 인성수련 프로세스입니다.

이 프로세스만 알면 세상에 무슨 문제를 만나도 두렵지 않아요.

이 순서대로만 하면 모든 문제가 해결되기 때문이지요.

두 둥 ~

견·학·습·통·성 그 마법의 비밀 프로세스를 알려드립니다.

매우 중요한 단계이니 눈으로 보지 말고 꼭 말로 해봐야 합니다.

마법의 5단계 프로세스 견/학/습/통/성

프로세스를 큰소리로 연습해 보셨지요?

프로세스가 입에서 술술 나오나요?

정말요?

그럼 연습을 한번 해보겠습니다.

앞장의 순서대로 이야기한 것을 한번 적어 보세요.

견(見):

학(學):

습(習):

통(通):

성(誠):

 월 見(볼견) 나는 생활 중에 어떻게 도전을 하는 사람인지 알아보세요.

제일 먼저 내가 어떤 사람인지 알아야 다음 행동을 할 수 있겠지요?
생활하면서 내가 어떻게 도전하고, 무엇을 도전하는 사람인지 먼저 알아
보는 견(見)의 시간을 갖도록 하겠습니다.
준비되었나요?

1. 나의 도전 모습 알아보기

●● 내가 도전해야 했던 상황을 적어 보세요.

●● 그때 나는 어떻게 행동했나요?

●● 그때 나의 신체 반응은 어땠나요?

●● 그때 나의 마음이나 생각은 어땠나요?

●● 그렇게 행동하고 난 후 결과에 대한 나의 생각은 어땠나요?

2. 나는 도전에 대해서 이런 사람이었구나!

이렇게 적어 보니 내가 도전을 잘하는 사람인지 아닌지 알 수 있겠지요.
그리고 어떤 상황에서 내가 도전할 마음을 끌어내야 되는지도 알게 되었
지요.
앞의 활동을 통해 나의 도전에 대해서, 나에 대해 알게 된 것을 편하게 적
어 보세요.

아자!
그럼 이제부터 도전에 대해 좀 더 알아볼까요?

●● 도전에 대해서 궁금한 점은?

●● 도전 하면 뭐가 좋을 것 같나요?

●● 도전이 나를 행복하게 해줄까요?

●● 도전이 힘들 것 같나요?

 화 學 (배울**학**) 도전이 무엇인지 알아봅시다.

자, 오늘은 학(學)을 하는 시간입니다.

도전이 정말 무엇인지 사전적인 의미도 찾아보고 내가 알아볼 수 있는 모든
방법을 동원해 도전에 대해서 알아보고 적어 보세요.
이렇게 찾아보고 알아보고 나면 '아! 도전이란 이런 것이구나.' 하면서 아마
도전의 박사가 될 거예요.

1. 도전에 대해서 어디서 알아볼까요?

●● 사전

●● 인터넷

●● 도전을 잘 한 인물

●● 책

●● 영화

●● 강의

●● 그밖에

2. 도전에 대해서 누구한테 물어볼까요?
   물어보고 알려준 것들을 적어 보세요.

●● 선생님

●● 친구

●● 부모

●● 선배

●● 롤모델

●● 그밖에

3. 도전에 대해서 무엇을 더 참고로 할 것인가요?

●● 논문

●● 도전을 잘 하는 사람 찾아보기

4. 내가 알게 된 도전을 마인드맵 한 장으로 그려볼까요?

아자! 조사를 해보니 내가 생각하는 도전이란?

도전은 .... 다.

왜냐하면 .... 다.

수  習(익힐습) 그럼 한번 도전해 볼까요.

내가 어떤 도전을 행동하는 사람이고 또 도전이 무엇인지 잘 알아보았나요?

그럼 구슬이 서 말이라도 꿰어야 보배!

오늘은 내가 알아본 도전을 정말로 나의 생활 속에서 실천해 보는 날로 정하고 도전의 시간을 보내 봅니다.

묵찌빠도 삼세판!

오늘 내가 실천할 도전의 미션을 세 가지 정해 보세요.

자신이 도전하고 싶은 미션을 각자 정하는데 혹시 무엇으로 정해야 될지 모르는 사람을 위해 아래 Tip을 달아놓았습니다.

그 중에 마음에 드는 걸로 골라도 됩니다.

하지만 되도록 자신만의 미션을 정하면 더 좋겠지요.

그럼 순서는,

1. 도전 실천 미션을 정하여 적고

2. 내가 얼마나 도전을 실천했는지 실천지수를 표시하고

3. 해보고 나서 나의 느낌을 적으면 됩니다.

■도전 실천 미션 1

✳ 나의 실천지수 (%)

✳ 해보고 나니 어떤 느낌이 드나요?

■도전 실천 미션 2

✳ 나의 실천지수 (%)

✳ 해보고 나니 어떤 느낌이 드나요?

■도전 실천 미션 3

✳ 나의 실천지수 (%)

✳ 해보고 나니 어떤 느낌이 드나요?

1. 안 가본 다른 길로 집에 가 보기	1. 새로운 길로 출근해 보기
2. 말 안 걸어본 친구에게 말 걸기	2. 말 안 해봤던 동료에게 먼저 인사하기
3. 안 먹어 본 것 먹어보기	3. 안 먹어본 것 먹어보기
4. 하루종일 공부해 보기	4. 하루종일 책보기
5. 하루종일 운동해 보기	5. 하루종일 운동해 보기
6. 하루종일 책 읽어 보기	6. 하루종일 자료 찾아보기
7. 하루종일 아무것도 안 해보기	7. 하루종일 아무것도 안 해보기
8. 안 해봤던 봉사하기	8. 가족 도와주기
9. 하루 굶어보기	9. 하루 굶어보기
10. 엄마 일 어려운 것 도와드리기	10. 하루종일 만나는 사람마다 인사하기
11. 하루종일 만나는 사람마다 인사하기	11. 싫어하는 상사에게 커피 한 잔 드리기
12. 무서운 선생님 찾아가서 음료수 드리기	12. 싫은 친구 차 한 잔 주기
13. 미운친구 과자 사주기	13. 외국어 학원 등록하기
14. 가족이랑 산에 올라가 보기	14. 고전읽기
15. 평소점수보다 10점 더 받아보기	15. 봉사하기
16. 운동 배워보기	16. 업무 시간 단축시켜 보기
17. 악기 배워보기	17. 대중교통 이용해 보기
18. 춤 배워보기	18. 안 해본 운동 동아리 들어보기
19. 수업시간에 발표 많이 하기	19. 새로운 거래처 만들어 보기
20. 질문 많이 해보기	20. 새로운 배울거리 찾아보기

이외에도 많지요?

각자에 맞게 미션을 정해 보세요.

도전으로 가는 길이 쉽지는 않았지요?

그래도 오늘 하루 도전을 생각하며 몇 가지를 실천하고 이렇게 노트에 도전일기를 쓰는 당신이 도전의 챔피언입니다. 멋져요!

도전이 정말 우리에게 필요한 것일까요?

오늘 도전한 것 중 제일 힘들었던 한 가지를 가지고 정말 도전이 좋은 것인지 한번 생각해 볼까요?

오늘 제일 힘들었던 도전은?

나의 행동선택 ❶

나의 행동선택 ❷

행동의 결과

행동의 결과

결과를 적은 후 느낌

도전하기를 잘 하였다는 생각이 드나요?

 목 通(통할**통**) 나는 정말 도전을 잘 실천했나요?

오늘은 통(通)의 시간입니다.

통(通)이 무슨 뜻일까요?

맞습니다. 서로 통한다는 의미의 통(通)입니다.

사람은 혼자서는 살 수 없지요. 모두 모여 서로서로 도우며 살아갑니다.

그런데 함께 모여 있기 때문에 서로 잘 통하지 않으면 힘듦이 생깁니다.

어제까지는 스스로의 점검이었다면, 오늘은 도전을 잘 소통하고 있는지 주위의 사람들과 함께 이야기 나누어 보는 시간입니다.

나에 대해 정확히 알려면 내가 보는 나와 부모님이 보는 나, 그리고 선생님 이 보는 나와 친구가 보는 나의 공통점을 보면 된다는 말이 있습니다.

자, 그럼 이제 주위의 사람들과 도전한 나에 대해 이야기를 나누어 보고 아 래 빈칸에 적어 보세요.

1. 나는 도전을 제대로 실천하고 있나요?

●● 이야기 나눈 사람

....

●● 내게 이야기해준 것

....

....

●● 그 이야기를 들은 나의 느낌

....

....

2. 내가 하는 도전에 대해 다른 문제는 없나요?

●● 이야기 나눈 사람

●● 내게 이야기해준 것

●● 그 이야기를 들은 나의 느낌

3. 내가 하는 도전에 대해 더 보완할 것이 있을까요?

❶

❷

❸

부모님이나 선생님, 친구들에게

내가 얼마나 도전하려고 노력했는지 칭찬과 응원의 편지를 적어달라고 부탁해 보세요.

이렇게 소통을 하면서 우리는 큰 힘을 얻게 됩니다.

_____________________________________ 에게

_____________________________________ 가

 금 誠 (정성**성**) 나는 이제부터 도전을 이렇게 하면 되겠구나!

견 · 학 · 습 · 통 · 성의 마지막 시간입니다.
정말 수고하셨어요.

첫째 날, 見을 통해 나의 도전에 대한 모습을 보고
둘째 날, 學을 통해 도전이 뭔지 알아보았고
셋째 날, 習을 하면서 도전을 실천해 보았습니다.
넷째 날, 通을 통해서는 도전을 주위 사람들과 이야기도 나누어 보았고,
다섯째 날, 이제 마지막 성(誠)을 통해서는 생활 속에 내가 지킬 수 있는 도
전의 미션을 정하고 생활 속의 실천하는 도전인이 되도록 하는 단계입니다.
먼저 내가 지킬 수 있는 나만의 도전 계획을 생각해 볼까요?
아주 작은 일부터 시작입니다. 천 리 길도 한 걸음부터입니다.
생각이 잘 안 나는 사람은 앞 쪽에 있었던 도전 Tip을 참고로 하여 내가 지
킬 수 있는 나만의 도전 계획을 적어 보세요.

자, 그럼 나만의 도전 서약서를 만들어 볼까요?

가족, 친구나 동료, 선생님이나 상사, 동아리 모임, 가정, 회사, 이웃, 지역
사회, 우리나라, 국제사회 등에서 내가 도전하는 사람으로서 할 수 있는 역
할을 생각해 보고 스스로의 다짐을 적어 보세요.

___________________ 의 도전 서약서

나 (   )는   년   월   일부터

위의 다짐을 반드시 지켜나가겠습니다.   (인)

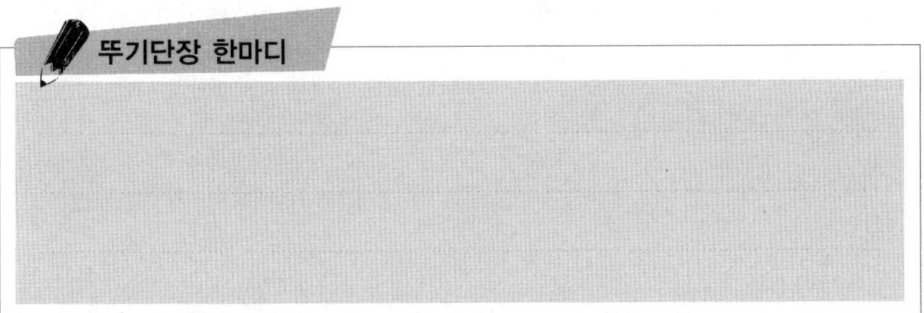

[나만의 도전 인성포트폴리오 만들기]

월요일부터 금요일까지 5일 동안 힘드셨죠?

짧은 시간이었지만 도전에 대해서 많은 생각을 했던 한 주일이었을 것입니다. 오늘은 일주일 간의 경험을 정리하며 그 과정을 온전히 내 것으로 만드는 시간입니다. 이런 작업을 하면서 하나의 주제를 정리할 수 있고 학생일 경우에는 에듀팟에 올리면 나중에 제출 자료로도 사용할 수도 있습니다.

______________________ 의 도전 포트폴리오

[동기]

[활동내용]

활동 전	활동 후

진로와 꿈(나의 미래)

일주일 동안 관찰에 관해서 하나하나 알아보고 느껴볼까요.

월요일 나는 어떤 관찰을 하는 사람이었는지 알아봅니다.

화요일 관찰이 무엇인지 자료들을 찾고 이야기도 들으며 관찰에 대해 알아봅니다.

수요일 드디어 관찰을 생활 속에서 실천해 봅니다.

　　　　미션 3개를 정해서 하루 동안은 그 관찰의 내용을 실천해 보고 느낌을 적어 봅니다.

목요일 내가 알아보고 경험한 관찰에 대한 것들을 사람들과 이야기를 나누며 소통하는 시간

　　　　입니다. 주변 사람들에게 내가 정말 관찰했는지? 잘 하고 있는지, 더 좋은 것은 없는

　　　　지 함께 이야기를 나누어 보고 글로도 적어 봅니다.

금요일 이제는 나만의 관찰의 틀을 만들어야겠지요.

　　　　내가 지킬 수 있는 나만의 관찰에 대한 내용을 정리해 봅니다.

토요일 이제 한 주일의 마무리입니다. 이번 주의 주제인 관찰도 마무리되는 시간입니다. 월

　　　　요일부터 금요일까지의 과정을 살펴보며 그동안 찍은 사진이나 자료를 붙이고 정리

　　　　해서 한 장의 나만의 인성포트폴리오를 만듭니다.

　　　　이 과정을 견·학·습·통·성 프로세스를 훈련하는 단계라고 합니다.

견·학·습·통·성을 통한 인성수련 프로세스입니다.

이 프로세스만 알면 세상에 무슨 문제를 만나도 두렵지 않아요.

이 순서대로만 하면 모든 문제가 해결되기 때문이지요.

두둥 ~

견·학·습·통·성 그 마법의 비밀 프로세스를 알려드립니다.

매우 중요한 단계이니 눈으로 보지 말고 꼭 말로 해봐야 합니다.

마법의 5단계 프로세스 견/학/습/통/성

프로세스를 큰소리로 연습해 보셨지요?

프로세스가 입에서 술술 나오나요?

정말요?

그럼 연습을 한번 해보겠습니다.

앞장의 순서대로 이야기한 것을 한번 적어 보세요.

견(見):

학(學):

습(習):

통(通):

성(誠):

 월 見(볼**견**) 나는 생활 중에 어떻게 관찰을 하는 사람인지 알아보세요.

제일 먼저 내가 어떤 사람인지 알아야 다음 행동을 할 수 있겠지요?
생활하면서 내가 어떻게 관찰하고, 무엇을 관찰하는 사람인지 먼저 알아
보는 견(見)의 시간을 갖도록 하겠습니다.
준비되었나요?

1. 나의 관찰 모습 알아보기

●● 내가 관찰해야 했던 상황을 적어 보세요.

●● 그때 나는 어떻게 행동했나요?

●● 그때 나의 신체 반응은 어땠나요?

●● 그때 나의 마음이나 생각은 어땠나요?

●● 그렇게 행동하고 난 후 결과에 대한 나의 생각은 어땠나요?

2. 나는 관찰에 대해서 이런 사람이었구나!

이렇게 적어 보니 내가 관찰을 잘하는 사람인지 아닌지 알 수 있겠지요.
그리고 어떤 상황에서 내가 관찰할 마음을 끌어내야 되는지도 알게 되었
지요.
앞의 활동을 통해 나의 관찰에 대해 알게 된 것을 편하게 적어 보세요.

아자!
그럼 이제부터 관찰에 대해 좀 더 알아볼까요?

●● 관찰에 대해서 궁금한 점은?

●● 관찰 하면 뭐가 좋을 것 같나요?

●● 관찰이 나를 행복하게 해줄까요?

●● 관찰이 힘들 것 같나요?

 學 (배울**학**) 관찰이 무엇인지 알아봅시다.

자, 오늘은 학(學)을 하는 시간입니다.

관찰이 정말 무엇인지 사전적인 의미도 찾아보고 내가 알아볼 수 있는 모든
방법을 동원해 관찰에 대해서 알아보고 적어 보세요.
이렇게 찾아보고 알아보고 나면 '아! 관찰이란 이런 것이구나.' 하면서 아마
관찰의 박사가 될 거예요.

1. 관찰에 대해서 어디서 알아볼까요?

●● 사전

●● 인터넷

●● 관찰을 잘 한 인물

●● 책

●● 영화

●● 강의

●● 그밖에

2. 관찰에 대해서 누구한테 물어볼까요?
   물어보고 알려준 것들을 적어 보세요.

●● 선생님

●● 친구

●● 부모

●● 선배

●● 롤모델

●● 그밖에

3. 관찰에 대해서 무엇을 더 참고로 할 것인가요?

●● 논문

●● 관찰을 잘 하는 사람 찾아보기

4. 내가 알게 된 관찰을 마인드맵 한 장으로 그려볼까요?

아자! 조사를 해보니 내가 생각하는 관찰이란?

관찰은 ⋯⋯⋯⋯⋯⋯⋯⋯⋯⋯⋯⋯⋯⋯⋯⋯⋯⋯⋯⋯⋯⋯⋯⋯⋯⋯⋯ 다.

왜냐하면 ⋯⋯⋯⋯⋯⋯⋯⋯⋯⋯⋯⋯⋯⋯⋯⋯⋯⋯⋯⋯⋯⋯⋯⋯⋯⋯ 다.

 수 習(익힐습) 그럼 한번 관찰해 볼까요.

관찰 **79**

내가 어떻게 관찰을 하는 사람이고 또 관찰이 무엇인지 잘 알아보았나요?

그럼 구슬이 서 말이라도 꿰어야 보배!

오늘은 내가 알아본 관찰을 나의 생활 속에서 실천해 보는 날로 정하고 관찰의 시간을 보내 봅니다.

묵찌빠도 삼세판!

오늘 내가 실천할 관찰의 미션을 세 가지 정해 보세요.

자신이 관찰하고 싶은 미션을 각자 정하는데 혹시 무엇으로 정해야 될지 모르는 사람을 위해 아래 Tip을 달아놓았습니다.

그 중에 마음에 드는 걸로 골라도 됩니다.

하지만 되도록 자신만의 미션을 정하면 더 좋겠지요.

그럼 순서는,

1. 관찰 실천 미션을 정하여 적고

2. 내가 얼마나 관찰을 실천했는지 실천지수를 표시하고

3. 해보고 나서 나의 느낌을 적으면 됩니다.

1. 등하굣길에 간판이름 적어보기	1. 오가며 사람들 얼굴 살펴보기
2. 만나는 사람 인원수 세어보기	2. 사람들 복장 살펴보기
3. 길가에 작은 꽃 찾아보기	3. 오늘 만난 사람 자세히 기억해 보기
4. 신호등 개수 세어보기	4. 길가에 꽃 이름 알아보기
5. 매일 같은 시간에 만나는 친구 알아보기	5. 회사에 매일 똑같이 일어나는 일 알아차려 보기
6. 선생님 버릇 찾아보기	6. 동료들 버릇 찾아보기
7. 수업의 옥의 티 찾아보기	7. 업무의 오류 찾아보기
8. 교시에서 기르는 식물 살펴보기	8. 사무실에 있는 물건 떠올려 보고 맞는지 확인해 보기
9. 친구들의 옷의 변화 느껴보기	9. 주위 사람들의 칭찬거리 찾아보기
10. 친구들의 행동 중 칭찬거리 하나씩 찾아 칭찬하기	10. 엄마의 어제와 오늘의 다른 점 찾아보기
11. 어제 급식 반찬 기억해 보기	11. 새로운 직원이 있는지 알아보기
12. 엄마의 어제와 오늘 다른 점 하나 찾아보기	12. 내 몸의 아픈 곳이나 좀 느낌이 다른 곳 찾아보기
13. 집 근처 큰 나무 이름 알아보기	13. 나무 가만히 들여다보기
14. 교과서 지은이 알아보기	14. 풀벌레 찾아보기
15. 교과서 출판사 알아보기	15. 우리 동네 우체통 찾아보기
16. 교과서의 구성 알아보기	16. 집까지 지하철이나 버스 정거장수 알아보기
17. 교과서 맨 뒷장 살펴보기	17. 회사까지 차로 갈 때 몇 Km인지 알아보기
	18. 하루에 내가 먹는 물의 양 알아보기
	19. 책꽂이의 책이름 떠올려 보기
	20. 내 가방에 있는 물건 적어보기

이외에도 많지요?

각자에 맞게 미션을 정해 보세요.

관찰로 가는 길이 쉽지는 않았지요?

그래도 오늘 하루 관찰을 생각하며 몇 가지를 실천하고 이렇게 노트에 관찰일기를 쓰는 당신이 관찰의 챔피언입니다. 멋져요!

관찰이 정말 우리에게 필요한 것일까요?

오늘 관찰한 것 중 제일 힘들었던 한 가지를 가지고 정말 관찰이 좋은 것인지 한번 생각해 볼까요?

오늘 제일 힘들었던 관찰은?

나의 행동선택 ❶	나의 행동선택 ❷
행동의 결과	행동의 결과

결과를 적은 후 느낌

관찰하기를 잘 하였다는 생각이 드나요?

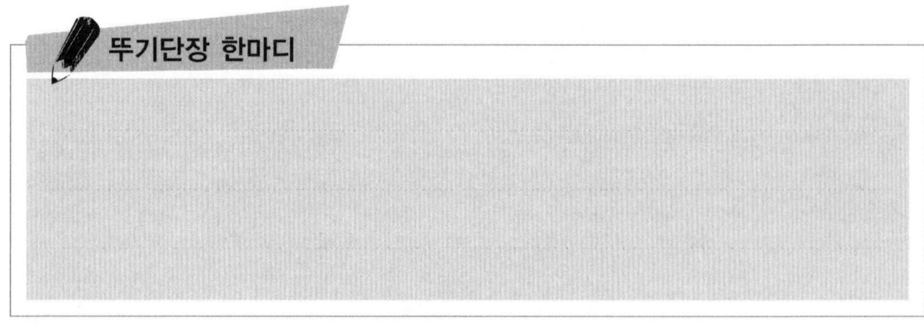

목 通(통할**통**) 나는 정말 관찰을 잘 실천했나요?

오늘은 통(通)의 시간입니다.

통(通)이 무슨 뜻일까요?

맞습니다. 서로 통한다는 의미의 통(通)입니다.

사람은 혼자서는 살 수 없지요. 모두 모여 서로서로 도우며 살아갑니다.

그런데 함께 모여 있기 때문에 서로 잘 통하지 않으면 힘듦이 생깁니다.

어제까지는 스스로의 점검이었다면, 오늘은 관찰을 잘 소통하고 있는지 주위의 사람들과 함께 이야기 나누어 보는 시간입니다.

나에 대해 정확히 알려면 내가 보는 나와 부모님이 보는 나, 그리고 선생님이 보는 나와 친구가 보는 나의 공통점을 보면 된다는 말이 있습니다.

자, 그럼 이제 주위의 사람들과 관찰한 나에 대해 이야기를 나누어 보고 아래 빈칸에 적어 보세요.

1. 나는 관찰을 제대로 실천하고 있나요?

●● 이야기 나눈 사람

●● 내게 이야기해준 것

●● 그 이야기를 들은 나의 느낌

2. 내가 하는 관찰에 대해 다른 문제는 없나요?

●● 이야기 나눈 사람

●● 내게 이야기해준 것

●● 그 이야기를 들은 나의 느낌

3. 내가 하는 관찰에 대해 더 보완할 것이 있을까요?

❶
❷
❸

부모님이나 선생님, 친구들에게

내가 얼마나 관찰하려고 노력했는지 칭찬과 응원의 편지를 적어달라고 부탁해 보세요.

이렇게 소통을 하면서 우리는 큰 힘을 얻게 됩니다.

에게

가

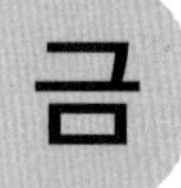 금 誠 (정성**성**) 나는 이제부터 관찰을 이렇게 하면 되겠구나!

견 · 학 · 습 · 통 · 성의 마지막 시간입니다.

정말 수고하셨어요.

첫째 날, 見을 통해 나의 관찰에 대한 모습을 보고

둘째 날, 學을 통해 관찰이 뭔지 알아보았고

셋째 날, 習을 하면서 관찰을 실천해 보았습니다.

넷째 날, 通을 통해서는 관찰을 주위 사람들과 이야기 나누어 보았고,

다섯째 날, 이제 마지막 성(誠)을 통해서는 생활 속에 내가 지킬 수 있는 관찰의 미션을 정하고 생활 속의 실천하는 관찰인이 되도록 하는 단계입니다.

먼저 내가 지킬 수 있는 나만의 관찰 계획을 생각해 볼까요?

아주 작은 일부터 시작입니다. 천 리 길도 한 걸음부터입니다.

생각이 잘 안 나는 사람은 앞 쪽에 있었던 관찰 Tip을 참고로 하여 내가 지킬 수 있는 나만의 관찰 계획을 적어 보세요.

자, 그럼 나만의 관찰 서약서를 만들어 볼까요?

가족, 친구나 동료, 선생님이나 상사, 동아리 모임, 가정, 회사, 이웃, 지역 사회, 우리나라, 국제사회 등에서 내가 관찰한 사람으로서 할 수 있는 역할을 생각해 보고 스스로의 다짐을 적어 보세요.

________________________ 의 관찰 서약서

____관찰

나 (　　　　)는 　　　년 　월 　일부터
위의 다짐을 반드시 지켜나가겠습니다. 　　　　　　(인)

토 [나만의 관찰 인성포트폴리오 만들기]

월요일부터 금요일까지 5일 동안 힘드셨죠?

짧은 시간이었지만 관찰에 대해서 많은 생각을 했던 한 주일이었을 것입니다. 오늘은 일주일 간의 경험을 정리하며 그 과정을 온전히 내 것으로 만드는 시간입니다. 이런 작업을 하면서 하나의 주제를 정리할 수 있고 학생일 경우에는 에듀팟에 올리면 나중에 제출 자료로도 사용할 수 있습니다.

_______________________ 의 관찰 포트폴리오

[동기]

[활동내용]

활동 전

활동 후

진로와 꿈(나의 미래)

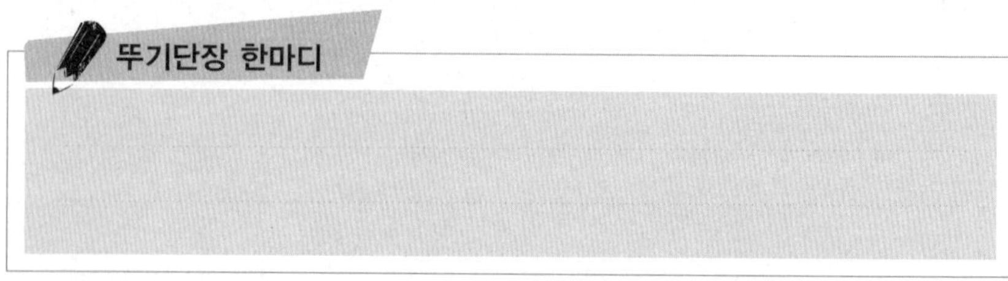

협력

일주일 동안 협력에 관해서 하나하나 알아보고 느껴볼까요.

월요일 나는 협력을 어떻게 하는 사람이었는지 알아봅니다.

화요일 그럼 협력이 무엇인지 자료들을 찾고 이야기도 들으며 협력에 대해 알아봅니다.

수요일 드디어 협력을 생활 속에서 실천해 봅니다.

미션 3개를 정해서 하루 동안은 그 협력의 내용을 실천해 보고 느낌을 적어 봅니다.

목요일 알아보고 경험한 협력에 대한 것들을 사람들과 이야기를를 나누며 소통하는 시간입니다. 주변 사람들에게 내가 정말 협력했는지? 잘 하고 있는지 더 좋은 것은 없는지 함께 이야기를 나누어 보고 글로도 적어 봅니다.

금요일 이제는 나만의 협력의 틀을 만들어야겠지요.

내가 지킬 수 있는 나만의 협력에 대한 내용을 정리해 봅니다.

토요일 이제 한 주일의 마무리입니다. 이번 주의 주제인 협력도 마무리되는 시간입니다. 월요일부터 금요일까지의 과정을 살펴보며 그동안 찍은 사진이나 자료를 붙이고 정리해서 한 장의 나만의 인성포트폴리오를 만듭니다.

이 과정을 견·학·습·통·성 프로세스를 훈련하는 단계라고 하지요.

견 · 학 · 습 · 통 · 성을 통한 인성수련 프로세스입니다.

이 프로세스만 알면 세상에 무슨 문제를 만나도 두렵지 않아요.

이 순서대로만 하면 모든 문제가 해결되기 때문이지요.

두둥 ~

견 · 학 · 습 · 통 · 성 그 마법의 비밀 프로세스를 알려드립니다.

매우 중요한 단계이니 눈으로 보지 말고 꼭 말로 해봐야 합니다.

마법의 5단계 프로세스 견/학/습/통/성

프로세스를 큰소리로 연습해 보셨지요?

프로세스가 입에서 술술 나오나요?

정말요?

그럼 연습을 한번 해보겠습니다.

앞장의 순서대로 이야기한 것을 한번 적어 보세요.

견(見):

학(學):

습(習):

통(通):

성(誠):

 **월** 見 (볼**견**) 나는 생활 중에 어떻게 협력을 하는 사람인지 알아보세요.

제일 먼저 내가 어떤 사람인지 알아야 다음 행동을 할 수 있겠지요?
생활하면서 내가 어떻게 협력하고, 무엇을 협력하는 사람인지 먼저 알아
보는 견(見)의 시간을 갖도록 하겠습니다.
준비되었나요?

1. 나의 협력 모습 알아보기

●● 내가 협력해야 했던 상황을 적어 보세요.

●● 그때 나는 어떻게 행동했나요?

●● 그때 나의 신체 반응은 어땠나요?

●● 그때 나의 마음이나 생각은 어땠나요?

2. 나는 협력에 대해서 이런 사람이었구나!

이렇게 적어 보니 내가 협력을 잘하는 사람인지 아닌지 알 수 있겠지요.
그리고 어떤 상황에서 내가 협력할 마음을 끌어내야 되는지도 알게 되었
지요.
앞의 활동을 통해 나의 협력에 대해 알게 된 것을 편하게 적어 보세요.

아자!
그럼 이제부터 협력에 대해 좀 더 알아볼까요?

●● 협력에 대해서 궁금한 점은?

●● 협력 하면 뭐가 좋을 것 같나요?

●● 협력이 나를 행복하게 해줄까요?

●● 협력이 힘들 것 같나요?

 學 (배울**학**) 협력이 무엇인지 알아봅시다.

자, 오늘은 학(學)을 하는 시간입니다.

협력이 정말 무엇인지 사전적인 의미도 찾아보고 내가 알아볼 수 있는 모든
방법을 동원해 협력에 대해서 알아보고 적어 보세요.
이렇게 찾아보고 알아보고 나면 '아! 협력이란 이런 것이구나.' 하면서 아마
협력의 박사가 될 거예요.

1. 협력에 대해서 어디서 알아볼까요?

●● 사전

●● 인터넷

●● 협력을 잘 한 인물

●● 책

●● 영화

●● 강의

●● 그밖에

2. 협력에 대해서 누구한테 물어볼까요?
   물어보고 알려준 것들을 적어 보세요.

●● 선생님

●● 친구

●● 부모

●● 선배

●● 롤모델

●● 그밖에

3. 협력에 대해서 무엇을 더 참고로 할 것인가요?

●● 논문

●● 협력을 잘 하는 사람 찾아보기

4. 내가 알게 된 협력을 마인드맵 한 장으로 그려볼까요?

아자! 조사를 해보니 내가 생각하는 협력이란?

협력은 .... 다.

왜냐하면 .... 다.

수  習(익힐습) 그럼 한번 협력해 볼까요.

내가 어떻게 협력하는 사람이고 또 협력이 무엇인지 잘 알아보았나요?

그럼 구슬이 서 말이라도 꿰어야 보배!

오늘은 내가 알아본 협력을 나의 생활 속에서 실천해 보는 날로 정하고 협력의 시간을 보내 봅니다.

묵찌빠도 삼세판!

오늘 내가 실천할 협력의 미션을 세 가지 정해 보세요.

자신이 협력하고 싶은 미션을 각자 정하는데 혹시 무엇으로 정해야 될지 모르는 사람을 위해 아래 Tip을 달아놓았습니다.

그 중에 마음에 드는 걸로 골라도 됩니다.

하지만 되도록 자신만의 미션을 정하면 더 좋겠지요.

그럼 순서는,

1. 협력 실천 미션을 정하여 적고

2. 내가 얼마나 협력을 실천했는지 실천지수를 표시하고

3. 해보고 나서 나의 느낌을 적으면 됩니다.

■ 협력 실천 미션 1

✳ 나의 실천지수 (%)

✳ 해보고 나니 어떤 느낌이 드나요?

■ 협력 실천 미션 2

✳ 나의 실천지수 (%)

✳ 해보고 나니 어떤 느낌이 드나요?

■ 협력 실천 미션 3

✳ 나의 실천지수 (%)

✳ 해보고 나니 어떤 느낌이 드나요?

1. 큰 이불 가족모두 같이 빨아보기	1. 이불 빨리 가족 모두 밟아보기
2. 프로젝트 숙제 발표 해보기	2. 사내발표회 적극 참여하기
3. 학교 조별모임 적극적으로 하기	3. 과별 실적대항에서 최선을 다하기
4. 엄마가 상 차리실 때 수저랑 반찬 놓기	4. 맡은바 임무에 최선 다하기
5. 강아지 목욕시키기	5. 집안 대청소의 날 만들어 하기
6. 학교 우유봉지 친구들이랑 갖다놓기	6. 업무회의에 적극 참여하기
7. 급식당번 잘하기	7. 회사 행사 때 적극 참여하기
8. 반에서 함께 할일 찾아보기	8. 숙직이나 일직 잘하기
9. 친구들과 함께 팀 짜서 봉사활동 가 보기	9. 명절 때 같이 음식하기
10. 친구들과 함께 큰 그림 그려보기	10. 가족회의 하기
11. 학교 행사에 적극 참여하기	11. 동료랑 업무 같이 해보기
12. 조별 과학실험 역할 나눠 잘해 보기	12. 옆 부서랑 같이 업무해 보기
13. 합창대회 연습 열심히 하기	13. 팀으로 하는 운동해 보기
14. 수업 끝나고 청소 깨끗이 하기	14. 가족여행 가 보기
15. 급식 때 줄 잘 서 있기	15. 큰 프로젝트 같이 만들어 보기
16. 학급반장 잘 도와주기	16. 공저로 책 써보기
17. 시험준비 같이 해보기	17. 가족신문 만들기
18. 가족여행 가보기	18. 사내신문 기사 쓰고 만들기
19. 친구들과 장기자랑 준비해 보기	19. 가족모두 모여 옷장 정리해 보기
20. 환경미화 열심히 하기	20. 같이하는 봉사활동 해보기

이외에도 많지요?

각자에 맞게 미션을 정해 보세요.

협력으로 가는 길이 쉽지는 않았지요?

그래도 오늘 하루 협력을 생각하며 몇 가지를 실천하고 이렇게 노트에 협력일기를 쓰는 당신이 협력의 챔피언입니다. 멋져요!

협력이 정말 우리에게 필요한 것일까요?

오늘 협력한 것 중 제일 힘들었던 한 가지를 가지고 정말 협력이 좋은 것인지 한번 생각해 볼까요?

뚜기단장 한마디

목 通(통할**통**) 나는 정말 협력을 잘 실천했나요?

오늘은 통(通)의 시간입니다.

통(通)이 무슨 뜻일까요?

맞습니다. 서로 통한다는 의미의 통(通)입니다.

사람은 혼자서는 살 수 없지요. 모두 모여 서로서로 도우며 살아갑니다.

그런데 함께 모여 있기 때문에 서로 잘 통하지 않으면 힘듦이 생깁니다.

어제까지는 스스로의 점검이었다면, 오늘은 협력을 잘 소통하고 있는지 주위의 사람들과 함께 이야기 나누어 보는 시간입니다.

나에 대해 정확히 알려면 내가 보는 나와 부모님이 보는 나, 그리고 선생님이 보는 나와 친구가 보는 나의 공통점을 보면 된다는 말이 있습니다.

자, 그럼 이제 주위의 사람들과 협력한 나에 대해 이야기를 나누어 보고 아래 빈칸에 적어 보세요.

1. 나는 협력을 제대로 실천하고 있나요?

●● 이야기 나눈 사람

●● 내게 이야기해준 것

●● 그 이야기를 들은 나의 느낌

2. 내가 하는 협력에 대해 다른 문제는 없나요?

●● 이야기 나눈 사람

●● 내게 이야기해준 것

●● 그 이야기를 들은 나의 느낌

3. 내가 하는 협력에 대해 더 보완할 것이 있을까요?

❶

❷

❸

부모님이나 선생님, 친구들에게

내가 얼마나 협력하려고 노력했는지 칭찬과 응원의 편지를 적어달라고 부탁해 보세요.

이렇게 소통을 하면서 우리는 큰 힘을 얻게 됩니다.

_______________________ 에게

_______________________ 가

금 誠 (정성성) 이제부터 나는 협력을 이렇게 하면 되겠구나!

견 · 학 · 습 · 통 · 성의 마지막 시간입니다.
정말 수고하셨어요.

첫째 날, 見을 통해 나의 협력에 대한 모습을 보고
둘째 날, 學을 통해 협력이 뭔지 알아보았고
셋째 날, 習을 하면서 협력을 실천해 보았습니다.
넷째 날, 通을 통해서는 협력을 주위 사람들과 이야기 나누어 보았고,
다섯째 날, 이제 마지막 성(誠)을 통해서는 생활 속에 내가 지킬 수 있는 협력의 미션을 정하고 생활 속의 실천하는 협력인이 되도록 하는 단계입니다.
먼저 내가 지킬 수 있는 나만의 협력 계획을 생각해 볼까요?
아주 작은 일부터 시작입니다. 천 리 길도 한 걸음부터입니다.
생각이 잘 안 나는 사람은 앞 쪽에 있었던 협력 Tip을 참고로 하여 내가 지킬 수 있는 나만의 협력 계획을 적어 보세요.

자, 그럼 나만의 협력 서약서를 만들어 볼까요?

가족, 친구나 동료, 선생님이나 상사, 동아리 모임, 가정, 회사, 이웃, 지역사회, 우리나라, 국제사회 등에서 내가 협력한 사람으로서 할 수 있는 역할을 생각해 보고 스스로의 다짐을 적어 보세요.

_______________________ 의 협력 서약서

협력

나 (   )는   년   월   일부터
위의 다짐을 반드시 지켜나가겠습니다.   (인)

뚜기단장 한마디

 **토** [나만의 협력 인성포트폴리오 만들기]

월요일부터 금요일까지 5일 동안 힘드셨죠?

짧은 시간이었지만 협력에 대해서 많은 생각을 했던 한 주일이었을 것입니다. 오늘은 일주일 간의 경험을 정리하며 그 과정을 온전히 내 것으로 만드는 시간입니다. 이런 작업을 하면서 하나의 주제를 정리할 수 있고 학생일 경우에는 에듀팟에 올리면 나중에 제출 자료로도 사 용할 수 있습니다.

_______________________ 의 협력 포트폴리오

[동기]

[활동내용]

활동 전   활동 후

진로와 꿈(나의 미래)

일주일 동안 나눔에 관해서 하나하나 알아보고 느껴볼까요.

월요일 나는 어떤 나눔을 하는 사람이었는지 알아봅니다.

화요일 그럼 나눔이 무엇인지 자료들도 찾고 이야기도 들으며 나눔에 대해 알아봅니다.

수요일 드디어 나눔을 생활 속에서 실천해 봅니다.

미션 3개를 정해서 하루 동안은 그 나눔의 내용을 실천해 보고 느낌을 적어 봅니다.

목요일 알아보고 경험한 나눔에 대한 것을 사람들과 이야기를 나누며 소통하는 시간입니다.

주변 사람들에게 내가 정말 나눔을 했는지? 잘 하고 있는지 더 좋은 것은 없는지 함

께 이야기를 나누어 보고 글로도 적어 봅니다.

금요일 이제는 나만의 나눔의 틀을 만들어야겠지요.

내가 지킬 수 있는 나만의 나눔에 대한 내용을 정리해 봅니다.

토요일 이제 한 주일의 마무리입니다. 이번 주의 주제인 나눔도 마무리되는 시간입니다. 월

요일부터 금요일까지의 과정을 살펴보며 그동안 찍은 사진이나 자료를 붙이고 정리

해서 한 장의 나만의 나눔 인성포트폴리오를 만듭니다.

이 과정을 견·학·습·통·성 프로세스를 훈련하는 단계라고 하지요.

견·학·습·통·성을 통한 인성수련 프로세스입니다.

이 프로세스만 알면 세상에 무슨 문제를 만나도 두렵지 않아요.

이 순서대로만 하면 모든 문제가 해결되기 때문이지요.

두둥 ~

견·학·습·통·성 그 마법의 비밀 프로세스를 알려드립니다.

매우 중요한 단계이니 눈으로 보지 말고 꼭 말로 해봐야 합니다.

마법의 5단계 프로세스 견/학/습/통/성

프로세스를 큰소리로 연습해 보셨지요?

프로세스가 입에서 술술 나오나요?

정말요?

그럼 연습을 한번 해보겠습니다.

앞장의 순서대로 이야기한 것을 한번 적어 보세요.

견(見):

학(學):

습(習):

통(通):

성(誠):

 월 見(볼 견) 나는 생활 중에 어떻게 나눔을 하는 사람인지 알아보세요.

제일 먼저 내가 어떤 사람인지 알아야 다음 행동을 할 수 있겠지요?

생활하면서 내가 어떻게 나눔하고, 무엇을 나눔하는 사람인지 먼저 알아

보는 견(見)의 시간을 갖도록 하겠습니다.

준비되었나요?

1. 나의 나눔 모습 알아보기

●● 내가 나눔해야 했던 상황을 적어 보세요.

●● 그때 나는 어떻게 행동했나요?

●● 그때 나의 신체 반응은 어땠나요?

●● 그때 나의 마음이나 생각은 어땠나요?

●● 그렇게 행동하고 난 후 결과에 대한 나의 생각은 어땠나요?

2. 나는 나눔에 대해서 이런 사람이었구나!

이렇게 적어 보니 내가 나눔을 잘하는 사람인지 아닌지 알 수 있겠지요.
그리고 어떤 상황에서 내가 나눔 할 마음을 끌어내야 되는지도 알게 되었지요.
앞의 활동을 통해 나의 나눔에 대해 알게 된 것을 편하게 적어 보세요.

아자!
그럼 이제부터 나눔에 대해 좀 더 알아볼까요?

●● 나눔에 대해서 궁금한 점은?

●● 나눔 하면 뭐가 좋을 것 같나요?

●● 나눔이 나를 행복하게 해줄까요?

●● 나눔이 힘들 것 같나요?

 화 學 (배울학) 나눔이 무엇인지 알아봅시다.

자, 오늘은 학(學)을 하는 시간입니다.

나눔이 정말 무엇인지 사전적인 의미도 찾아보고 내가 알아볼 수 있는 모든 방법을 동원해 나눔에 대해서 알아보고 적어 보세요.
이렇게 찾아보고 알아보고 나면 '아! 나눔이란 이런 것이구나.' 하면서 아마 나눔의 박사가 될 거예요.

1. 나눔에 대해서 어디서 알아볼까요?

●● 사전

●● 인터넷

●● 나눔을 잘 한 인물

●● 책

●● 영화

●● 강의

●● 그밖에

2. 나눔에 대해서 누구한테 물어볼까요? 물어보고 알려준 것들을 적어 보세요.

●● 선생님

●● 친구

●● 부모

●● 선배

●● 롤모델

●● 그밖에

3. 나눔에 대해서 무엇을 더 참고로 할 것인가요?

●● 논문

●● 나눔을 잘 하는 사람 찾아보기

4. 내가 알게 된 나눔을 마인드맵 한 장으로 그려볼까요?

아자! 조사를 해보니 내가 생각하는 나눔이란?

나눔은 .... 다.

왜냐하면 .... 다.

수 習(익힐습) 그럼 한번 나눔 해 볼까요.

내가 어떻게 나눔하는 사람이고 또 나눔이 무엇인지 잘 알아보았나요?

그럼 구슬이 서 말이라도 꿰어야 보배!

오늘은 내가 알아본 나눔을 나의 생활 속에서 실천해 보는 날로 정하고 나눔의 시간을 보내 봅니다.

묵찌빠도 삼세판!

오늘 내가 실천할 나눔의 미션을 세 가지 정해 보세요.

자신이 나눔을 하고 싶은 미션을 각자 정하는데 혹시 무엇으로 정해야 될지 모르는 사람을 위해 아래 Tip을 달아놓았습니다.

그 중에 마음에 드는 걸로 골라도 됩니다.

하지만 되도록 자신만의 미션을 정하면 더 좋겠지요.

그럼 순서는,

1. 나눔 실천 미션을 정하여 적고

2. 내가 얼마나 나눔을 실천했는지 실천지수를 표시하고

3. 해보고 나서 나의 느낌을 적으면 됩니다.

■ 나눔 실천 미션 1

＊ 나의 실천지수 (%)

＊ 해보고 나니 어떤 느낌이 드나요?

■ 나눔 실천 미션 2

＊ 나의 실천지수 (%)

＊ 해보고 나니 어떤 느낌이 드나요?

■ 나눔 실천 미션 3

＊ 나의 실천지수 (%)

＊ 해보고 나니 어떤 느낌이 드나요?

1. 존댓말 써주기	1. 재능 기부하기
2. 친구랑 나누어 먹을 것 한 가지 가져와 보기	2. 장기기증 생각해 보기
	3. 아름다운가게 방문하기
4. 모르는 문제 친구 가르쳐주기	4. 구세군 도와주기
5. 작아져서 못 입는 옷 아름다운가게 가져다주기	5. 사랑의 열매 구매하기
	6. 이웃과 음식 나눠 먹기
6. 친구랑 책 돌려서 보기	7. 읽은 책 돌려 읽기
7. 내 힘으로 할수 있는 봉사 알아보기	8. 나눔 일기 써보기
8. 친구들에게 좋은 말해 주기	9. 알뜰시장 가 보기
9. 친구들에게 먼저 인사해 주기	10. 복지시설 봉사활동해 보기
10. 저금하기	11. 힘든 이웃과 마음나누기
11. 재능 기부하기	12. ARS 전화모금 동참하기
12. 시간 나눔	13. 만나는 사람들에게 친절하기
13. 구세군냄비에 동전넣기	14. 업무 나누어 하기
14. 알뜰시장 가 보기	15. 저금하기
15. ARS 전화모금 동참하기	16. 집안일 도와주기
16. 장애우 도와주기	17. 자선단체 회원되어 보기
17. 나눔 일기 써보기	18. 제3국 아이들 도와주기
18. 자선단체 알아보기	19. 업무비법 전수하기
19. 집안일 나눠 하기	20. 헌혈하기
20. 학교일 나눠 하기	

이외에도 많지요?

각자에 맞게 미션을 정해 보세요.

나눔으로 가는 길이 쉽지는 않았지요?

그래도 오늘 하루 나눔을 생각하며 몇 가지를 실천하고 이렇게 노트에 나눔일기를 쓰는 당신이 나눔의 챔피언입니다. 멋져요!

나눔이 정말 우리에게 필요한 것일까요?

오늘 나눔한 것 중 제일 힘들었던 한 가지를 가지고 정말 나눔이 좋은 것인지 한번 생각해 볼까요?

오늘 제일 힘들었던 나눔은?

나의 행동선택 ❶   나의 행동선택 ❷

행동의 결과   행동의 결과

결과를 적은 후 느낌

나눔 하기를 잘 하였다는 생각이 드나요?

 목 通(통할**통**) 나는 정말 나눔을 잘 실천했나요?

오늘은 통(通)의 시간입니다.

통(通)이 무슨 뜻일까요?

맞습니다. 서로 통한다는 의미의 통(通)입니다.

사람은 혼자서는 살 수 없지요. 모두 모여 서로서로 도우며 살아갑니다.

그런데 함께 모여 있기 때문에 서로 잘 통하지 않으면 힘듦이 생깁니다.

어제까지는 스스로의 점검이었다면, 오늘은 나눔을 잘 소통하고 있는지 내 주위의 사람들과 함께 이야기 나누어보는 시간입니다.

나에 대해 정확히 알려면 내가 보는 나와 부모님이 보는 나, 그리고 선생님이 보는 나와 친구가 보는 나의 공통점을 보면 된다는 말이 있습니다.

자, 그럼 이제 주위의 사람들과 나눔을 실천한 나에 대해 이야기를 나누어 보고 아래 빈칸에 적어 보세요.

1. 나는 나눔을 제대로 실천하고 있나요?

●● 이야기 나눈 사람

●● 내게 이야기해준 것

●● 그 이야기를 들은 나의 느낌

2. 내가 하는 나눔에 대해 다른 문제는 없나요?

●● 이야기 나눈 사람

●● 내게 이야기해준 것

●● 그 이야기를 들은 나의 느낌

3. 내가 하는 나눔에 대해 더 보완할 것이 있을까요?

❶

❷

❸

부모님이나 선생님, 친구들에게

나의 나눔에 대한 노력에 대해 칭찬과 응원의 편지를 적어달라고 부탁해 보세요.

이렇게 소통을 하면서 우리는 큰 힘을 얻게 됩니다.

----- 에게

가

금 誠 (정성성) 나는 이제부터 나눔을 이렇게 하면 되겠구나!

견 · 학 · 습 · 통 · 성의 마지막 시간입니다. 정말 수고하셨어요.

첫째 날, 見을 통해 나의 나눔하는 모습을 보고

둘째 날, 學을 통해 나눔이 뭔지 알아보았고

셋째 날, 習을 하면서 나눔을 실천해 보았습니다.

넷째 날, 通을 통해서는 나눔을 주위 사람들과 이야기 나누어 보았고,

다섯째 날, 이제 마지막 성(誠)을 통해서는 생활 속에 내가 지킬 수 있는 나눔의 미션을 정하고 생활 속의 실천하는 나눔인이 되도록 하는 단계입니다.

먼저 내가 지킬 수 있는 나만의 나눔 계획을 생각해 볼까요?

아주 작은 일부터 시작입니다. 천 리 길도 한 걸음부터입니다.

생각이 잘 안 나는 사람은 앞 쪽에 있었던 나눔 Tip을 참고로 하여 내가 지킬 수 있는 나만의 나눔 계획을 적어 보세요.

자, 그럼 나만의 나눔 서약서를 만들어 볼까요?

가족, 친구나 동료, 선생님이나 상사, 동아리 모임, 가정, 회사, 이웃, 지역 사회, 우리나라, 국제사회 등에서 내가 나눔을 하는 사람으로서 할 수 있는 역할을 생각해 보고 스스로의 다짐을 적어 보세요.

_________________의 나눔 서약서

나 (　　　　)는　　　년　　월　　일부터
위의 다짐을 반드시 지켜나가겠습니다.　　　　　　　(인)

토 [나만의 나눔 인성포트폴리오 만들기]

월요일부터 금요일까지 5일 동안 힘드셨죠?

짧은 시간이었지만 나눔에 대해서 많은 생각을 했던 한 주일이었을 것입니다. 오늘은 일주일 간의 경험을 정리하며 그 과정을 온전히 내 것으로 만드는 시간입니다. 이런 작업을 하면서 하나의 주제를 정리할 수 있고, 학생일 경우에는 에듀팟에 올리면 나중에 제출 자료로도 사용할 수 있습니다.

_______________________ 의 나눔 포트폴리오

[동기]

[활동내용]

활동 전	활동 후

진로와 꿈(나의 미래)

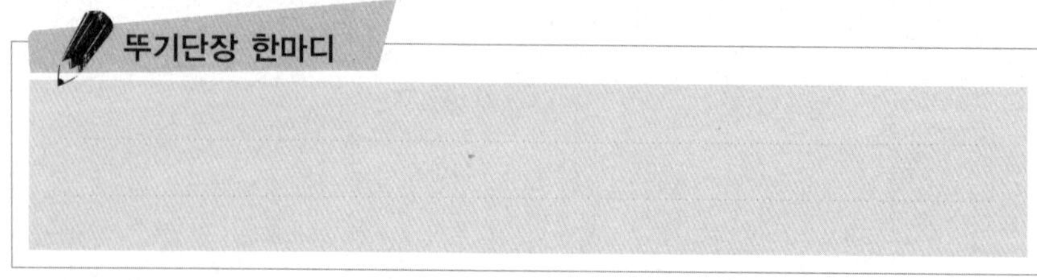

너와 난 각자의 화분에서 살아가지만

햇빛을 함께 맞는다는 것

– Kebee '자취일기' 노랫말 중에서

마무리 글

새로운 뚜기친구님의 탄생을 축하합니다.
살면서 아주 중요한 여섯 가지 키워드를 체험해 보았습니다.
우리 뚜기님은 어떤 경험을 했는지 궁금하네요?
많은 뚜기님들이 자신이 참 아무 생각 없이 살고 있었구나 하는 생각을 많이 했다고 합니다. 그리고 한 주 한 주 지나면서 감정과 감각이 살아나는 것 같은 생각이 들어 몸과 마음에 힘이 생기는 것 같았다고요.
이 과정을 마치고 이 글을 읽고 있는 뚜기님도 이런 마음이 들었으면 좋겠다는 생각을 해봅니다.

스마트(스스로 주도하는 창조인, 마음을 확~ 사로잡는 인성인, 탁~ 트인 소통인) 시대에는 더더욱 창의적이고 인성을 갖춘 사람이 필요합니다.
그런 사람이 되기 위해서는 세상의 이치를 생각하고 그를 통해 마음의 힘을 길러야 합니다.
인성소통협회에서 진행하는 일련의 과정들은 이런 힘을 키우려는 데 목적이 있습니다.

두 번째 큰 관문인 5단계 프로세스를 익히는 과정을 잘 마치셨음을 축하드리며,
앞으로 다음 단계에도 도전해 멋진 세계를 이끌어 나갈 스마트인이 되길 기원합니다.

다음에 도전해야 할 3단계는 인성을 익히는 [흥뚜기]입니다.
나에게 부족한 인성요소를 스스로 발굴하고, 그 역량을 키우기 위하여 인문고전을 탐독하며 내공을 쌓는 실전과정입니다.

[추신]
뚜기님들의 놀이터가 있습니다.
계속 소통해야 성장하는 것 알죠?
자주 와서 인성소통해요.

네이버카페 http://cafe.naver.com/humansed (한국인성소통협회)

서로 살리는 인성수련 포트폴리오

알뚜기

초판1쇄인쇄 | 2012년 9월 17일
1쇄발행 | 2012년 9월 21일
지은이 | 한국인성소통협회 교육개발국
펴낸이 | 송태인
연구지도 | 이훈
기획·편집 | 서임숙·양성희
펴낸곳 | 한국인성소통협회
주소 | 서울시 서초구 서초동 1316-3 강남빌딩 3F
대표전화 | 02-567-0268
Web | cafe.naver.com/humansed
값 5000원
ISBN 978-89-91907-47-8 (03370)